Road Transportation Safety
道路安全运输

交通运输部运输服务司　审定
交通运输部公路科学研究院　编写

Emergency Handling

人民交通出版社股份有限公司
China Communications Press Co.,Ltd.

内　容　提　要

本书介绍了应急处置基本知识和方法、临危应急处置方法、事故后脱险与逃生方法。通过剖析典型事故案例事发时驾驶员处置情况，重点归纳了正确的应急处置措施，并提出了相应的预防措施。

本书可供道路运输驾驶员，危险货物运输押运员等从业人员教育培训使用，也可作为道路运输企业主要负责人和安全管理人员的学习资料。

图书在版编目（CIP）数据

道路安全运输. 应急处置 / 交通运输部公路科学研究院编写. — 北京：人民交通出版社股份有限公司，2019.4
ISBN 978-7-114-14345-8

Ⅰ. ①道… Ⅱ. ①交… Ⅲ. ①公路运输—交通运输安全—应急对策 Ⅳ. ① U492.8

中国版本图书馆 CIP 数据核字（2019）第 033017 号

书　　名：	道路安全运输——应急处置
著　　作：	交通运输部公路科学研究院
责任编辑：	杨丽改　何　亮
出版发行：	人民交通出版社股份有限公司
地　　址：	（100011）北京市朝阳区安定门外外馆斜街3号
网　　址：	http://www.ccpress.com.cn
销售电话：	（010）59757973
总 经 销：	人民交通出版社股份有限公司发行部
经　　销：	各地新华书店
印　　刷：	中国电影出版社印刷厂
开　　本：	787×980　1/32
印　　张：	3
字　　数：	38千
版　　次：	2019年4月　第1版
印　　次：	2020年7月　第10次印刷
书　　号：	ISBN 978-7-114-14345-8
定　　价：	10.00元

（有印刷、装订质量问题的图书由本公司负责调换）

编写组

主　编：张国胜

副主编：周　炜　曾　诚

成　员：刘宏利　杜林森　姜慧夫
　　　　任春晓　李　帅　吴初娜
　　　　孟兴凯　杨丽政

致驾驶员朋友

当您翻阅这本口袋书的时候,也许您在服务区短暂休息,或闲坐家中,正享受与亲人团聚的幸福时光……无论何时何地,请接受我良好的祝愿,祝您工作平安、身体健康、生活幸福。同时,我很高兴在此跟驾驶员朋友说一说心里话。

我要向全国道路运输驾驶员道一声问候和感谢,您们辛苦了。道路运输在保障经济和社会发展、满足城乡客货运输需求、方便人民群众便捷出行等方面发挥着重要作用。因为有大家的辛勤付出,一车车新鲜农副产品送达城市的每个餐桌,一件件生活必需品快递至每家每户,一批批急盼与亲人团聚的乘客平安到家,一群群观光旅客领略着祖国的大好河山……近些年来，道路运输行业涌现出越来越多像陆文俊、薛仲婕、吴斌这样感动中国的行业楷模，他们忠于职守、爱岗敬业、诚实守信、无私奉献，始终把安全驾驶、用心服务放在心上，我深受感动，也由衷地为驾驶员朋友们感到自豪。

习近平总书记指出，"各级党委和政府要牢固树立安全发展理念，坚持人民利益至上，始终把安全生产放在首要位置，切实维护人民群众生命财产安全"。驾驶员的应急处置能力不仅是自身素质和职业操守的重要体现，也是预防和减少事故伤亡和损失的重要保障。各位驾驶员朋友一定要注重应急处置能力的培养和提升，以达到"不伤害自己、不伤害别人、不被别人伤害"的目的，提高处理道路运输突发事件的应急能力，有效控制道路运输突发事件，避免造成危害或减轻事故损失。

愿驾驶员朋友们，从每一次出车做起，心中

有安全，处处讲安全，自觉规范自身行为，多一份对生命的敬畏与呵护，共同维护安全和谐的道路交通环境，为人民群众提供安全优质的运输服务。

祝您车行万里，永远平安！

交通运输部副部长：刘小明

2019年4月9日

目录

一、应急处置基本知识和方法 …………… 1
 （一）应急处置原则 ……………… 1
 （二）事故现场处置流程 ………… 2
 （三）事故后逃生方法 …………… 8
 （四）伤员救助方法 ……………… 12

二、临危应急处置方法 …………………… 14
 （一）侵扰驾驶员 ………………… 14
 （二）长大下坡制动失效 ………… 18
 （三）前轮爆胎 …………………… 23
 （四）车辆侧滑 …………………… 28
 （五）紧急避让 …………………… 32
 （六）突遇自然灾害 ……………… 36
 （七）驾乘人员突发疾病 ………… 45

三、事故后脱险与逃生方法·················50
　（一）危化品泄漏 ·················50
　（二）车辆碰撞 ·················62
　（三）车辆侧翻 ·················67
　（四）车辆起火 ·················74
　（五）车辆落水 ·················81

结束语·················86

一、应急处置基本知识和方法

 应急处置原则

1 冷静判断，审时度势

在行车过程中，遇到紧急情况时，要保持清醒的头脑，迅速作出判断，采取正确的处置措施，千万不能犹豫不决，错失良机。

2 及时减速，规避风险

紧急情况发生时，规避和减轻交通事故危害和损失的有效措施是制动减速，同时向其他交通参与者及时传递危险信号。

3 避重就轻，减少损失

事故不可避免时，驾驶员应避重就轻，向损失较轻、危害较小的一方避让，尽量减轻事故的损失和后果。

4 以人为本、生命至上

遇到紧急情况采取措施时,应遵循"以人为本、生命至上"的原则,"宁让车受损,不让人伤亡",尽可能地消除威胁人身安全的因素。

> **小贴士**
>
> 《中华人民共和国民法通则》第一百二十九条规定:因紧急避险造成损害的,由引起险情发生的人承担民事责任。如果危险是由自然原因引起的,紧急避险的人不承担民事责任或只承担适当民事责任。
>
> 因紧急避险采取措施不当或者超过必要的限度,造成不应有的损害的,紧急避险人应当承担适当的民事责任。

二 事故现场处置流程

(1)发生交通事故时,驾驶员应立即将车辆停至公路或高速公路的安全停车地带,避开人群集中区域。车停稳后,迅速关闭电源总开关,开启危险报警闪光灯、示廓灯。

(2)在车辆后方同车道 50~100 米处设置警告标志,高速公路应在 150 米外设置警告标志,人员在车后 50~100 米路边或高速公路护栏外的安全地带等待救援。

(3)疏散现场人员,避免二次事故的发生,运输危险货物的车辆,根据危险货物的爆炸、

易燃、毒害、感染、腐蚀、放射性等不同危险特性设置初始隔离区。

（4）保护现场，及时亲自或委托他人拨打交通事故报警电话122，说明事故发生时间和地点、报告人姓名、事故造成的人员伤亡和损失等情况。交警到达现场后，驾驶员应积极配合交警进行现场勘查分析。

（5）如事故现场出现伤员，在确认事故现场周围环境安全的前提下，根据现场救护条件，以先救命、后治伤为救护原则，尽量采取减轻伤员痛苦和减少死亡的措施。

小贴士

交通事故的报告程序

一、未造成人员伤亡

1. 仅造成较小财产损失

（1）应立即报告本企业安全生产管理部门或安全生产负责人。

（2）安全生产管理人员无法立即赶往现场时，驾驶员可与对方协商解决。

（3）若协商不成，应拨打122，由公安机关交通管理部门处理。

2.造成较大财产损失

（1）驾驶员应立即报告本企业负责人，请求负责人赶赴现场协商解决。

（2）若协商不成，应拨打122，由公安机关交通管理部门处理。

二、造成人员伤亡

（1）立即拨打122，报告给公安机关交通管理部门。

（2）拨打120，通知医疗救护单位进行人员急救。

（3）按企业安全事故报告程序和有关规定，报告企业负责人。

（注：如情况紧急或事故造成了大量人员伤亡，驾驶员可直接向事故发生地县级以上人民政府应急管理部门报告。如事故现场发生火灾、爆炸，在自行扑救的同时，还应立即向消防救援部门报告。）

三 事故后逃生方法

车辆发生事故后，准确判断所遇突发状况，采取正确的逃生方法，积极自救并组织车上人员逃生。

（1）保持冷静，不要慌张，如遇落水、火灾、侧翻等复杂情况，观察周围环境，寻找最佳脱险方式。

（2）如车辆受损轻微，确保车辆停至安全地带，熄火、拉紧驻车制动器操纵杆，开启危险报警闪光灯，打开车门逃生。

（3）如客运车辆受损无法正常打开乘客门，可使用应急门、应急窗或安全顶窗等应急出口逃生。通过应急窗逃生时，可使用应急锤或尖锐坚硬物体击碎两侧应急窗玻璃。

（4）逃生过程中，切勿贪恋财物，浪费宝贵的逃生时间。

（5）逃离事故车辆后应及时转移至安全地带，不要驻足观望，以免因燃油泄漏、火灾等引发爆炸，造成二次事故。

安全逃生方法

（1）乘客门逃生。发生紧急事故时，乘客逃生首选通道是乘客门。通常驾驶员操纵仪表板附近

的乘客门应急开关，即可开启与关闭乘客门。当驾驶员无法紧急开启车门时，可通过乘客门上方设置的车门应急控制器（俗称"车门应急阀"，标有提示旋转方向）手动从车内开启乘客门。

（2）应急窗逃生。目前应急窗主要有封闭式、推拉式、外推式等几种结构。应急窗上标有"应急出口"或者"EXIT"字样，通常可采用破窗器、应急锤等工具破窗，迅速打开逃生通道，使乘客安全快速撤离。

安装破窗器的，当遭遇险情时，打开破窗器开关盖，按压开关按钮，应急窗玻璃会瞬间爆破，只需一推，整扇玻璃即会破碎掉落。

未安装破窗器的，在应急窗玻璃上方中部或右

上角有圆心击破点标志,借助应急锤(通常固定在应急窗附近)按其指示部位敲击即可。

如没有圆心击破点标志,则需先用力敲击玻璃的边缘和四角,再猛力敲击其中部,即可破窗而出。

(3)安全顶窗逃生。当车辆发生事故,尤其是侧翻事故时,安全顶窗可作为乘客的撤离通道。将扳手旋转90度,用力向外推出安全顶窗,即可打开逃生通道。

(4)应急门逃生。应急门通常设置在车身左侧或后部。乘客门受损严重无法正常打开时,首先找到供紧急情况下使用的车内应急阀,按照阀门指示方向旋转,然后向外顺势推动应急门即可开启。

四 伤员救助方法

驾驶员不是专业的救护人员,在无法根据伤情科学施救的情况下,耐心等待救护就是最为明智的选择。但是,无论是否掌握救助知识,都应做好以下几点:

(1)切忌随意移动、拉拽、摇晃伤员,尤其是被车辆、物品等压住身体的伤员,避免对伤员造成二次伤害。

(2)伤员伤情较重、急需救治时,应向过往车辆求助,送至最近的医院抢救,或立即拨打120,等待医疗救护。

(3)无过往车辆或在医务人员到来之前,可根据伤员的伤情科学施救,对伤员进行伤口包扎、

止血等处理。

（4）现场情况较危急，有可能发生火灾、爆炸等事故时，应采取正确的搬运方法，及时将伤员转移到安全地带。

二 临危应急处置方法

本部分以2012年以来发生的7起典型道路运输重特大交通事故案例或社会关注热点问题为例,分析了驾驶员临危处置情况,重点归纳了遇侵扰驾驶员、长大下坡制动失效、前轮爆胎、车辆侧滑、紧急避让、突遇自然灾害和驾乘人员突发疾病等情况正确的应急处置措施,以及相应的预防措施,为有效预防和减少道路运输安全生产事故提供借鉴。

(一) 侵扰驾驶员

1. 重庆万州"10·28"公交车坠江事件

1)事故概况

2018年10月28日10时8分,重庆市万州区长江二桥距南桥头348米处发生一起公交车坠江事件。乘客刘某因错过下车站点与公交车驾驶员冉某发生争吵,进而发生肢体冲突,最终两人的互殴行为致使车辆失控坠江,造成13人死亡,2人失踪。

2)驾驶员处置情况

在车辆高速行驶过程中,驾驶员冉某与乘客刘某发生激烈争吵,遭到刘某持手机击打头部后,冉某右手放开转向盘予以还击。互殴过程中,冉某往左侧急打方向致使车辆失控,越过中心实线,撞断护栏,酿成坠江惨剧。

2 应急处置措施

发生驾乘矛盾时,乘客往往情绪容易激动,

会出现以下突发情况,对应的应急处置措施如下:

1)乘客抢夺转向盘

(1)乘客抢夺转向盘时,驾驶员必须把稳转向盘,尽量保持行车路线,保证乘客及车辆安全。

(2)立即靠边选择安全地点停车,如已受到人身伤害,应立即停车并开启危险报警闪光灯。

(3)如矛盾激化,在车载监控视频范围内尽快拨打110报警电话,并同时向所属企业管理人员报告现场情况,如有可能,留下至少两名目击证人及其联系方式。

2)乘客出言不逊或辱骂、殴打驾驶员

(1)已影响到正常行车或驾驶员自身安全时,立即靠边选择安全地点停车,不能随意打开车门。

(2)在保护好自身安全的情况下,保持沉着冷静,尽量安抚乘客情绪。

(3)如矛盾激化,在车载监控视频范围内尽快拨打110报警电话,并同时向所属企业管理人员报告现场情况,如有可能,留下至少两名目击证人及其联系方式。

二 临危应急处置方法

小知识

2019年1月10日，最高人民法院、最高人民检察院和公安部联合印发《关于依法惩治妨害公共交通工具安全驾驶违法犯罪行为的指导意见》（简称《意见》），《意见》进一步提升对公共交通安全秩序的法律保障力度。《意见》对于乘客实施"抢夺方向盘、变速杆等操纵装置，殴打、拉拽驾驶人员"等具有高度危险性的妨害安全驾驶行为的，按以危险方法危害公共安全罪定罪处罚，并强调即使尚未造成严重后果，一般也不得适用缓刑；具有"持械袭击驾驶人员"等几类特定情形的，予以从重处罚。

3 预防措施

（1）驾驶员应当在车厢内明显位置张贴乘

客文明乘车标识及安全告知,并在车内播放警示宣传片。

（2）城市公共汽电车驾驶区域安装符合相关标准规定的防护隔离设施,以有效避免乘客侵扰或攻击驾驶员安全驾驶等行为。

📙 长大下坡制动失效

1 甘肃兰海高速公路"11·3"重大道路交通事故

1）事故概况

2018年11月3日19时21分许,兰海高速公路兰州南收费站附近发生一起重大交通事故。一辆重型半挂汽车列车途经连续长下坡路段，因制动失效导致车辆失控，驾驶员处置不当，在兰海高速公路兰州收费站附近，与一辆重型仓栅式货车和13辆小型客车连续碰撞，所载货物甩出，导致周围18辆小型客车相互碰撞，造成15人死亡，45人受伤。

2）驾驶员处置情况

驾驶员李某在长下坡路段，未使用低速挡控制车速，频繁使用行车制动器，致使车辆因热衰退出现制动失效。险情出现后，未选择连续通过的5个路侧紧急避险车道，导致车辆高速冲入收费站，酿成事故。

2 应急处置措施

在行驶过程中出现行车制动器失效时，驾驶

员可采取以下应急处置措施：

（1）握稳转向盘，控制车辆的行驶方向，松抬加速踏板。

（2）抢挂低速挡控制车速，拉紧驻车制动器操纵杆。切记过猛拉紧驻车制动器操纵杆，应逐步控制车速。若有条件，可利用发动机排气制动、缓速器等辅助制动装置减速，避免过多使用行车制动器。

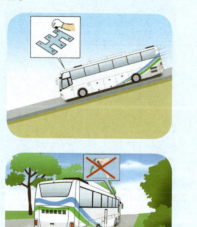

不可将驻车制动器操纵杆一次拉紧。

（3）观察车辆周围交通状况，开启危险报警闪光灯、交替变换远近光灯或鸣喇叭发出警示信号。

（4）观察行车道路条件和地形地貌，利用障碍物或选择岩壁、道路边沟迫使车辆降速停车，以求减小损失。若有避险车道应选择驶入避险车道停车。

二 临危应急处置方法

小贴士

避险车道的作用

避险车道是一条"救命道"，是专门为减慢失控车辆速度并使车辆安全停车设置的辅助车道。避险车道是上坡车道，表面为铺满沙石或松软沙砾的制动层，两边有护栏，路端有沙石坑或者铺满轮胎的防撞墙壁，并且连接着主车道。当车辆在行驶中突然制动失效或无法控制行驶速度时，可以开往避险车道应急避险。

应急处置口诀

制动失效莫慌张,沉着控制车方向;
松油低挡控车速,逐渐轻拉操纵杆;
行车环境勤观察,鸣笛示警开车灯;
摩擦降速迫停车,避险车道应驶入。

3 预防措施

(1)按照规定对车辆制动系统进行日常检查和定期维护,禁止"带病"上路。

(2)当出现制动毂过热、制动效能衰减等异常情况时,应及时停车排除。

(3)连续下长陡坡路段,严禁弯道超车、空挡滑行或熄火滑行。

(4)安装符合相关标准规定的缓速器等辅助制动装置。

缓速器

汽车缓速器能够在长下坡、交通拥堵等工况下,减轻制动负荷,保持制动效能的长期稳定,保障行车安全。在发达国家,汽车缓速器早已被广泛使用,近几年国内几乎所有的高档大中型客车都标配或选装缓速器,部分重型货车也在试装汽车缓速器。客车和货车装备汽车缓速器后,车辆的安全性、经济性和舒适性均有大幅提高。

三 前轮爆胎

1 贵州道真县"2·18"重大道路交通事故

1)事故概况

2012年2月18日12时10分,贵州省遵义市道真自治县驾驶员冯某驾驶一辆中型普通客车,由道真县大礁镇街驶往石仁村,行至省道207线8千米加400米处,左前轮爆胎后,导致车辆失控驶离道路左侧、坠入路侧5.9米深的石头沟中,造成13人死亡、22人受伤。

2)驾驶员处置情况

车辆左前轮突然爆胎后,驾驶员冯某惊慌失措,未能握紧转向盘控制住车辆前进方向,期间也未采取抢挂低速挡等减速措施,导致事故发生。

2 应急处置措施

道路运输车辆行驶过程中(特别在高速公路上)发生前轮爆胎,车辆会跑偏,危及乘客安全。驾驶员可采取以下应急处置措施:

右前轮爆胎了。

（1）立即握稳转向盘，尽量控制车辆直线滑行。

（2）缓抬加速踏板，切勿紧急制动。

（3）若已发生方向偏离，控制行驶方向时，不可过度矫正。

（4）待车速明显降低后，就近选择安全区域停车。

车辆爆胎后驾驶注意事项

发生爆胎后,行车速度过高、驾驶员难以控制车速时,应视情采用抢挂低速挡制动、利用发动机排气制动及缓速器等辅助装置制动,使车辆减速。在未控制住车速前,不要冒险使用行车制动器制动停车,以免车辆横甩发生更大的险情。

应急处置口诀

轮胎爆裂莫慌张,断续制动稳转向;
转速缓慢观视镜,开启车灯靠右停。

3 预防措施

(1)公路客车、旅游客车的所有车轮和其他道路运输车辆的转向轮不得装用翻新的轮胎。

(2)驾驶员要保持良好的驾驶习惯,守法驾驶,严禁超载、超员、超速行驶。

(3)安装符合相关标准规定的胎压监测装置(TPMS系统),对胎压和胎温进行实时监控。

TPMS 系统

轮胎压力监测系统（Tire Pressure Monitoring System，TPMS）可以对轮胎气压和温度进行自动监测，对轮胎漏气、低压、高压、高温等危险状态提前进行预警，提醒驾驶员检查并采取相应措施，以避免事故发生。据美国汽车工程师学会调查，美国每年有26万起交通事故是由于轮胎气压低或渗漏气体造成的，另外每年75%的轮胎故障是由于轮胎渗漏气体或充气不足引起的。

（4）安装符合相关标准规定的爆胎应急安全装置。

爆胎应急安全装置

爆胎应急安全装置是一种安装在汽车轮胎内部，当车辆轮胎发生爆胎或严重失压时，能够在一定行驶距离内使车辆行驶方向可控、制动有效且方向稳定的机械装置。该装置可有效降低爆胎后车辆事故发生率和事故发生后的损失。

四 车辆侧滑

1 贵州沪昆高速公路黔南段"1·4"重大道路交通事故

1）事故概况

2012年1月4日18时30分,安徽省黄山市休宁县五城镇驾驶员杨某驾驶一辆大型普通客车,由浙江义乌驶往四川泸州叙永县,行至沪昆高速公路贵州黔南州贵定县境内1765千米加500米处时,驾驶员杨某面对突发险情处置不当,导致车辆行驶方向失控,冲断中央隔离带波形护栏及对向车道路沿波形防护栏坠入路外8.8米深的水沟,造成18人死亡、39人受伤。

2）驾驶员处置情况

驾驶员杨某在冰雪道路上未保持安全车速驾

驶（行驶速度55千米/小时）。车辆发生侧滑后杨某猛转方向，致使车辆剐擦中央隔离带失控后向右撞击右侧路沿钢质波形防护栏，再向左冲断中央隔离带两道钢质波形防护栏，并冲断对向车道路沿钢质波形防护栏，坠入路外水沟中，造成事故。

小贴士

《道路交通安全法实施条例》第四十六条规定：机动车在冰雪道路行驶时，最高行驶速度不得超过每小时30公里。

2 应急处置措施

车辆行驶过程中发生侧滑现象时，驾驶员应采取以下应急处置措施：

侧滑部位	应急措施
整车侧滑	向侧滑的方向小幅转动转向盘，并及时回转转向盘进行调整，踩踏制动踏板
前轮侧滑	向侧滑的相反方向小幅转动转向盘，并及时回转转向盘进行调整
后轮侧滑	向侧滑的方向小幅转动转向盘，并及时回转转向盘进行调整

二 临危应急处置方法

侧滑应急处置措施

制动、转向或擦撞引起车辆侧滑的应急处置措施：立即松抬制动踏板，向侧滑的方向转动转向盘，并及时回转转向盘进行调整，修正方向后继续行驶；避免采取紧急制动措施。

路况不良引起车辆侧滑的应急处置措施：向车辆侧滑的方向缓转转向盘，"顺势推舟"，避免采取紧急制动措施。

 应急处置口诀

发生侧滑不可怕，措施得当莫抓瞎；
解除制动是关键，制动踏板松到家；
稳打转向正车身，哪边侧滑哪边打；
见到效果就回轮，有惊无险人人夸。

3 预防措施

（1）加强对驾驶员的应急处置培训，提高驾驶员的风险防范意识和恶劣天气下的安全驾驶技能。

（2）安装符合相关标准规定的车身电子稳定性控制系统（ESC/ESP）。

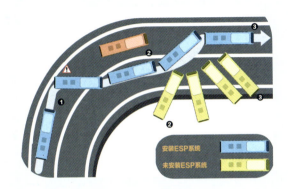

二、临危应急处置方法

电子稳定性控制系统（ESC/ESP）

电子稳定性控制系统（Electronic Stability Control，ESC或Electronic Stability Program，ESP）是目前最为有效的主动安全装备。装备电子稳定性控制系统可大幅降低弯道侧滑、转向失控情况下引发交通事故的概率。

五 紧急避让

1 湖北二广高速公路荆州长江公路大桥"3·12"重大道路交通事故

1）事故概况

2013年3月12日19时左右,湖北二广高速公路荆州长江公路大桥发生一起双层卧铺客车坠桥重大道路交通事故。大型卧铺客车驾驶员陈某在湖北荆州长江大桥行驶时,发现突然闯来的逆行摩托车,为避免与摩托车相撞,陈某猛转转向盘。因操作不当,大型客车瞬间失控坠桥,造成14人死亡、9人受伤,直接经济损失1002.93万元。

2）驾驶员处置情况

驾驶员陈某在快速车道内面对突然闯来的逆行摩托车，为避免与摩托车相撞，向右猛打转向盘（未采取减速措施），导致车辆与摩托车发生轻微剐碰后失控，右向斜穿大桥并撞毁大桥路侧双层隔离护栏，坠落在高度为 15.45 米的桥下大堤护坡上。

2 应急处置措施

车辆高速行驶过程中突然遇到行人、动物、障碍物以及逆行车辆等突发状况时，驾驶员不要轻易急转方向避让，先握稳转向盘，采取措施降低车速，尽可能降低碰撞瞬间的能量，在低速状态下再采取转向避让措施。

二、临危应急处置方法

高速行驶时的应急避险

车辆高速行驶时,行驶稳定性下降,急转向极易造成甩尾或侧翻。因此,不能采取急转向的避险措施,即使需要调整方向,转向幅度也不能太大。

 应急处置口诀

一刹二转三避让。

3 预防措施

(1)驾驶员在经过交叉路口、行人横过道路、施工道路时,应注意观察、小心驾驶、减速慢行,确保安全。

（2）坚决杜绝私自改装车辆、超载超速超员及酒后驾驶、疲劳驾驶等各类非法违法驾驶行为，确保安全出行、安全驾驶。

（3）安装符合相关标准规定的自动紧急制动系统 AEBS。

自动紧急制动系统 AEBS

自动紧急制动系统（Advanced Emergency Braking System，AEBS）能有效减少或避免由于驾驶员精神不集中、疲劳驾驶导致车辆偏离车道事故或追尾事故。据欧洲统计，AEBS 能够减少 38% 的追尾碰撞事故，且在城市道路（限速 60 千米/小时）和郊区道路条件下，均能达到此效果。

六 突遇自然灾害

1 山西京昆高速公路平阳段"11·21"重大道路交通事故

1）事故概况

2016 年 11 月 21 日 9 时许，京昆高速公路平阳段太原方向 65 千米加 500 米处，由于地处隧道出口，且为下坡路段，加之大雾、降雪和道路结冰，驾驶员应急处置不当，导致多车连环相撞的道路交通事故，共造成 17 人死亡，37 人受伤，56 辆车受损。

2）驾驶员处置情况

前方驾驶员驶出隧道后，突遇大雾、降雪，能见度变低，在道路结冰路面采取紧急制动措施，车辆失控侧滑后发生侧翻，进而阻塞车道；后方车辆驾驶员由于制动不及，导致多车连环相撞。

2 应急处置措施

在突遇自然灾害时，若驾驶员与乘客能够保持沉着冷静，并采取正确措施，积极开展自救、互救，可有效降低危险，减少人身伤亡及财产损失。

（1）突遇团雾、暴雨、暴雪、冰雹时，驾驶员可采取以下措施：

续上表

a）控制车速，保持车距，开启灯光	高等级公路行车过程中，能见度小于500米且大于或等于200米时，开启近光灯、示廓灯，车速不超过80千米/小时，与同车道前车保持150米以上的距离	
	能见度小于200米且大于或等于100米时，开启雾灯、近光灯、示廓灯和前后位灯，车速不得超过60千米/小时，与同车道前车保持100米以上的距离	
	能见度小于100米且大于或等于50米时，开启雾灯、近光灯、示廓灯、前后位灯和危险报警闪光灯，车速不得超过40千米/小时，与同车道前车保持50米以上的距离	
	能见度小于50米时，开启雾灯、近光灯、示廓灯、前后位灯和危险报警闪光灯，车速不得超过20千米/小时，并从最近的出口尽快驶离高等级公路	

续上表

二、临危应急处置方法

a）控制车速，保持车距，开启灯光	低等级公路、城市道路、厂矿道路、林区道路及乡村道路等需按照实际道路限速，参照高等级公路标准进行车速、车距与灯光控制	
b）平稳驾驶，缓打方向	加速时缓踩加速踏板；减速时先缓抬加速踏板，后连续轻踩制动踏板；握稳转向盘，勿急打转向盘；遇冰雪路面需循车辙行驶，并利用道路两侧的树木、电线杆、交通标志等判断行驶路线	
c）跟车行驶，提醒后车	发现前方车辆靠右边行驶时，不可盲目绕行；开启车窗，适当鸣笛提醒；发现后方来车的跟车距离过近时，在保持与前车足够跟车距离的情况下，适当用制动减速提醒后车	
d）突遇灾害，停车躲避	突遇暴雨，及时选择空旷、安全区域停车，待雨量变小或雨停后再继续行驶；突遇冰雹，就近进入地下车库躲避，若附近无地下车库，应在附近安全位置停车，将车上人员转移至后排，同时打开危险报警闪光灯和示廓灯	

注：高等级公路包含高速公路与一级公路；低等级公路包含二至四级公路。

（2）突遇横风时，驾驶员可采取以下措施：

a）握稳转向盘，安全停车	握稳转向盘，保持低速行驶，在避让障碍物或转弯时缓转转向盘；若感觉车辆受横风影响严重，立即选择空旷安全区域停车	
b）减速慢行，间歇制动	缓抬加速踏板，随后轻踩制动踏板间歇制动，降低车速	

（3）突遇泥石流、山体滑坡时，驾驶员可采取以下措施：

a）停车退让，有序撤离	立即减速或停车观察，确认灾情威胁车辆安全后尽快有序退让至安全地区并及时报警，避开山谷或河沟底部路段及松散堆积体，不要在情况不明的情况下自行清理路障	

续上表

b）弃车逃生，躲避低地	来不及避让时，沿垂直于滚石或滑坡体前进方向选择最短最安全的路径向沟谷两侧或山坡逃生，切勿停留在坡度大、土层厚的凹处，避开陡峻山体	
c）更改路线，等待救援	山体滑坡或泥石流停止后，应及时更改行车路线；若人员被困，应有计划使用食品、饮用水及燃料，耐心等待救援	

二、临危应急处置方法

（4）突遇地震时，驾驶员可采取以下措施：

a）寻找空地，停车避险	突遇地震，立即寻找附近开阔地点停车，避开大树、电线杆、高层建筑及高架桥	

续上表

b）躲避桥隧，快速驶离	突遇地震，切勿进入隧道、桥梁、堤坝等设施，已经进入的则要尽快离开。被困隧道内时果断弃车，由紧急逃生门逃生	 
c）稳固身体，保护头部	保证身体的稳固，乘客需系好安全带，将手臂靠在前座椅的椅背上，护住面部，身体倾向通道，两手护住头部；站立的乘客要牢牢抓住扶手、座椅等	
d）震后慢行，注意观察	震后行车需保持较低车速，仔细观察道路裂纹、鼓包或者其他损坏情况，保障行车安全	

3 预防措施

驾驶员行车前可采取以下预防措施，以便在突遇自然灾害时能够有效应对，降低车辆运行风险。

（1）行经团雾、暴雨、暴雪、冰雹、横风

多发区域前,可采取以下预防措施:

a) 合理计划,加强培训	根据道路情况、交通环境和气候特点,合理安排运输任务,提前熟悉高速公路出入口、沿线服务区及备用行车路线等信息。加强对驾驶员的安全培训,提高驾驶员的风险防范意识和恶劣天气下的安全驾驶技术	
b) 加强维护,逐点检查	认真做好例行维护工作,对车辆关键部位及重要设备工具进行重点检查,包括轮胎、车窗、反光镜、灯光、喇叭、安全设备、随车工具、通信工具等	
c) 充分准备,合理应对	应根据沿线地区的季节性气候变化情况,及时更换相适应的冷却液、机油、燃油等;行经暴雪、冰雹常发地时,随车携带防滑链、垫木等防滑材料;随车携带应急药物和器材	

(2) 行经山体滑坡、泥石流、地震多发区域前,可采取以下预防措施:

续上表

a) 收集信息，观察征兆	提前查看沿途路线天气及交通信息，注意观察道路、土地或房屋变化。滑坡发生前山坡中前部出现规律裂缝、房屋歪斜等现象；泥石流发生时会出现轰鸣、沟槽断流、水流浑浊等现象；地震发生前常出现地下水、生物、气象异常等现象	
b) 携带食品药物，电源通信设备	随车携带一定的逃生工具、食物、饮用水、急救药物、取火装置、移动电源、卫星定位或通信器材	

突遇自然灾害后自我保护注意事项

车辆突遇自然灾害或地质灾害时，首先需注意收听广播，记录撤离路线、救援作业、安全指示等有价值的信息；确认被困后需及时拨打求救电话，并注意保持手机电量，耐心等待救援；低温条件下注意保暖，可每隔1小时起动发动机或开启空调约10分钟，若燃料耗尽可利用取火设备点燃树枝和木柴生火，若没有生火条件则需注意保暖，首要部位是头部与四肢末端。

七 驾乘人员突发疾病

1 广西广昆高速公路南宁段"8·28"重大交通事故

1) 事故概况

2016年8月28日10时42分许,广昆高速公路广西南宁市那莫大桥段发生一起重大道路交通事故。大型客车驾驶员玉某突发病症,短时间内丧失意识而失去自主驾驶车辆的能力,导致车辆失控与同向行驶的小型客车发生剐擦,之后大型客车碰撞到高速公路右侧防护栏后翻入路边边坡,造成11人死亡、31人受伤。

2）驾驶员处置情况

驾驶员玉某在驾车途中突发主动脉破裂出血导致心包积血、心脏压塞，致其短时间内失去意识而失去自主驾驶车辆的能力，进而导致其驾驶的车辆与其他车辆发生剐擦，车上其他乘客发现后采取紧急抢险措施仍未能有效避险，最终车辆失控造成事故。

2 应急处置措施

1）驾驶员突发疾病

驾驶员突发疾病时，应采取以下应急处置措施：

（1）立即开启危险报警闪光灯，尽快选择安全区域停车。

（2）车辆停稳后，拉紧驻车制动器操纵杆，打开车门并告知现场人员临时停车原因，请他人协助设置危险警告标志和组织现场人员安全疏散。

（3）及时采取自救措施，若病情不明或病情较严重时，立即拨打120急救电话，同时向所属企业管理人员报告现场情况及车辆停靠位置，请求救援。

2）乘客突发疾病

乘客突发疾病时，驾驶员应采取以下应急处置措施：

（1）立即选择安全区域停车，开启危险报警闪光灯，设置危险警告标志。

（2）探查乘客病情，及时采取救助措施。

（3）若病情不明或病情较严重时，立即向车内寻求专业医务人员进行救助、拨打120急救电话或送往就近医院救治，同时向其他乘客做好解释工作。

3 预防措施

（1）驾驶员应定期体检，及时了解自身健康状况，做好疾病预防工作，同时企业可为驾驶员提供健康咨询服务。

预防驾驶员突发疾病的措施

（1）出车前进行安全告诫；
（2）定期进行身体检查；
（3）车队和家庭给予更多关心；
（4）学会自我保养和调节。

（2）驾驶员应了解常见突发疾病救助知识和技能，同时有条件的企业可在车上准备急救药箱。

小贴士

预防乘客突发疾病的措施

(1) 保持车辆良好的行驶状态;
(2) 保持车内良好的乘车环境;
(3) 对特殊乘客给予特殊关照;
(4) 创造融洽的乘车氛围;
(5) 掌握一些医疗常识,准备一些常用药品。

二 临危应急处置方法

三 事故后脱险与逃生方法

本部分以 2011 年以来发生的 5 起典型道路运输重特大交通事故案例为例,分析了事发时驾驶员处置情况,重点归纳了发生危化品泄漏、车辆碰撞、侧翻、起火、落水等事故时正确的应急处置措施,以及相应的预防措施,有助于驾驶员和乘客脱离危险环境,转危为安,最大限度减轻损失。

一 危化品泄漏

1 山西晋济高速公路"3·1"特大道路交通事故

1)事故概况

2014 年 3 月 1 日 14 时 45 分许,晋济高速公路山西晋城段岩后隧道内,两辆运输甲醇的铰接列车追尾相撞,前车甲醇泄漏起火燃烧,隧道内滞留的另外两辆危险化学品运输车、31 辆煤炭运输车和其他7辆车被引燃引爆，造成40人死亡、12人受伤和42辆车烧毁，1500多吨煤炭燃烧（大火燃烧73小时），直接经济损失8197万元。

2）驾驶员和押运员处置情况

车辆碰撞后，两车驾驶员下车查看情况，发现两车卡在一起，并有甲醇泄漏。私下协商后，前车驾驶员上车驾驶车辆向前移动，两车分开后，再次下车查看情况时发现泄漏的甲醇起火燃烧。两车驾驶员和押运员共4人弃车逃离现场，并通知隧道内其他车辆驾驶员撤离。

2 应急处置措施

运输过程中一旦发生交通事故或突发事件，驾驶员、押运员在安全可行的情况下应采取力所能及的救援措施。通常可采取以下应急处置措施：

三 事故后脱险与逃生方法

（1）立即选择安全区域停车，关闭点火开关、电源总开关，切断整车电路。

（2）避免使用火源。不要吸烟、打开电子设备等，这些动作可能产生火花。

（3）根据应急预案的要求，向事故发生地公安机关交通管理部门、应急管理部门、交通运输主管部门、生态环境管理部门和本企业等相关主管部门报告，并提供所需信息。

> **小贴士**
>
> **报警时要明确的信息**
>
> （1）事故发生的具体地点；
> （2）事故类型及危险货物泄漏、着火等情况；
> （3）装运的危险货物品名、数量及危险特征；
> （4）车辆周围交通环境；
> （5）事故影响范围等。

（4）穿上反光背心，并按相关要求设置危险警告标志。

（5）备好运输单据（托运清单、运单、安全卡），以便救援人员获取有关信息。

小知识

托运清单

危险货物托运清单应包含以下信息:

(1) 托运人的名称和地址;

(2) 收货人的名称和地址;

(3) 装货单位名称;

(4) 实际发货/装货地址;

(5) 实际收货/卸货地址;

(6) 运输企业名称;

(7) 所托运危险货物的 UN 编号(含大写"UN"字母);

(8) 危险货物正式运输名称;

(9) 危险货物类别及项别;

(10) 危险货物包装类别及规格;

(11) 危险货物运输数量;

(12) 24 小时应急联系电话;

(13) 必要的危险货物安全信息,作为托运清单附录,主要包括操作、装卸、堆码、储存安全注意事项以及特殊应急处理措施等。

（6）不要走近或碰触泄漏的危险货物，不要站在下风口，以免吸入废气、烟雾、粉剂和蒸气。

（7）在安全可行的情况下，使用灭火器扑灭轮胎、制动系统、发动机的小火或初始火源。

（8）在安全可行的情况下，使用随车工具阻止危险货物渗漏到水生环境（如池塘、沼泽、沟渠等）或下水道系统中，并收集泄漏的危险货物。

（9）撤离事故现场，听从救援人员的指挥，组织其他人员撤离事故现场。

（10）脱掉被污染的衣物，以及已使用且被污染的防护设备，并将其安全处理。

各类危险货物的典型防护措施

不同类别、项别危险货物发生事故时，可能造成的后果差异较大，因此，在某种具体的危险货物事故中，应根据托运人建议、企业培训及危险货物安全技术说明书上的要求，采取相应的防护措施。

各类危险货物的危险特性及有关防护措施

菱形标志牌	危险特性	防护措施
爆炸品 1 1.5 1.6	可能产生一系列的反应和影响，例如，大规模爆炸；碎片迸射；由火源或热源产生强烈的反应；发出强光，产生大量的噪声或烟雾；对撞击和/或冲击和/或热敏	利用掩护物躲避，并远离窗口
爆炸品 1.4	具有发生爆炸和火灾的轻度危险性	躲藏
易燃气体 2.1	火灾危险； 爆炸危险； 可能产生压力； 窒息危险； 可能引起燃烧和/或冻伤； 受热时装置可能爆炸	躲藏； 禁止进入低地势区域
非易燃无毒气体 2.2	窒息危险； 可能产生压力； 可能引起冻伤； 受热时装置可能爆炸	利用掩护物躲避；禁止进入低地势区域

三 事故后脱险与逃生方法

续上表

菱形标志牌	危险特性	防护措施
毒性气体 2.3	中毒危险； 可能产生压力； 可能引起燃烧和/或冻伤； 受热时装置可能爆炸	使用应急逃生面具； 躲藏； 禁止进入低地势区域
易燃液体 3	火灾危险； 爆炸危险； 受热时装置可能爆炸	躲藏； 禁止进入低地势区域
易燃固体，自反应物质和固态退敏爆炸品 4.1	火灾危险； 易燃或可燃物，可能通过受热、火花或火焰点燃； 在加热或与其他物质接触（例如，酸、重金属混合物或动物）时，含有易于受热分解的自反应物质，这将产生有害和易燃气体或液体，或发生自燃物质； 受热时装置有爆炸危险； 缺少退敏剂时，有机过氧化物有爆炸危险	—
易于自燃的物质 4.2	如果包件被损坏或内装物溢出，通过自燃产生火灾危险； 遇水可能产生剧烈反应	—

续上表

菱形标志牌	危险特性	防护措施
遇水放出易燃气体的物质 4.3	遇水产生火灾和爆炸的危险	通过遮盖溢出物，保持溢出物质干燥
氧化性物质 5.1	遇易燃物质产生剧烈反应； 着火和爆炸危险	避免与易燃或可燃物质（例如，锯屑）混合
有机过氧化物 5.2	高温下，与其他物质（例如，酸、重金属混合物或动物）接触、摩擦或震动，有放热分解的风险； 可能产生有害和易燃气体或蒸气，或自燃物质	避免与易燃或可燃物质（例如，锯屑）混合
毒性物质 6.1	通过吸入、皮肤接触或摄入等方式有中毒危险； 对水生环境或污水排水系统有危害	使用应急逃生面罩
感染性物质 6.2	感染风险； 可能引起人类或动物的严重疾病； 对水生环境或污水排水系统有危害	—

三 事故后脱险与逃生方法

续上表

菱形标志牌	危险特性	防护措施
放射性物质 7A 7B 7C 7D	有吸入及外辐射风险	限制暴露时间
可裂变物质 7F	核裂变危险	—
腐蚀性物质 8	腐蚀的灼伤危险; 遇水和其他物质,彼此会发生剧烈反应; 溢出物质可以形成腐蚀性液化气; 对水生环境或污水排水系统有危险	—
杂项危险物质和物品 9	灼伤危险; 火灾危险; 爆炸危险; 对水生环境或污水排水系统有危险	

注:1. 对于具有多种危险性并混合装载的危险货物,每一适用条目都需满足。
    2. 上述防护措施内容随着运输的危险货物类别和运输方式不同可能有所差异。

3 预防措施

（1）驾驶员和押运员应接受与其工作职责相适应的危险货物运输专业知识培训（包括基础知识培训和业务操作培训）。

（2）危险货物道路运输企业应完善应急预案，切实开展应急演练，提升突发情况下的应急处置能力和水平。

（3）在运输开始前，危险货物道路运输企业应告知驾驶员所装载的危险货物信息，并提供安全卡，确保其掌握安全卡内容，并正确操作。

小贴士

安 全 卡

《道路危险货物运输管理规定》第三十七条明确规定驾驶人员或者押运人员应当随车携带安全卡。安全卡由四部分内容组成：

第一部分规定事故发生后，车组人员需采取的基本应急救援措施；

第二部分规定不同类别项别危险货物发生危险事故时可能造成的后果，以及车组人员应采取的防护措施；

三 事故后脱险与逃生方法

第三部分规定危害环境物质和高温物质发生事故时可能造成的后果，以及车组人员应采取的防护措施；

第四部分规定运输过程中应随车携带的基本安全应急设备。

（4）随车携带与危险货物相适应的安全应急设备。

随车携带的安全应急设备

（1）配备三角木、三角警告牌和眼部冲洗液（第1类和第2类除外）；

（2）配备反光背心、便携式照明设备、合适的防护性手套、眼部防护装备（如护目镜）；

（3）运载2.3项或6.1项危险货物，应随车携带应急逃生面具，并与所装载化学品相匹配（如具备气体或粉尘过滤功能）；

（4）运输第3类、4.1项、4.3项、第8类或第9类危险货物，应配备铲子（第3类、4.1项、4.3项危险货物应配备防爆铲）和下水道口封堵器具(如堵漏垫、堵漏袋等）。

三角木

三角警告牌

三 事故后脱险与逃生方法

苫布　防潮垫

（5）在准备将危险货物交付运输时，装货人应确保罐式车辆罐体所有的关闭装置处于关闭状态。

61

二 车辆碰撞

1 湖南郴州宜凤高速公路"6·26"特大道路交通事故

1）事故概况

2016年6月26日,湖南省郴州市宜凤高速公路宜章段发生一起客车碰撞燃烧起火特别重大道路交通事故。大型客车驾驶员刘某因疲劳驾驶先后与道路中央护栏发生 1 次剐蹭和 3 次碰撞，导致车辆燃油泄漏。车辆停止后，路面上的柴油遇到因摩擦产生高温的右前轮后起火，造成 35 人死亡、13 人受伤，直接经济损失为 2290 余万元。

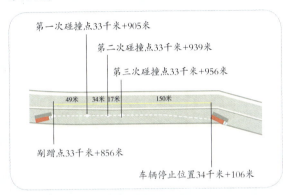

2）驾驶员处置情况

事故车辆未按规定在车厢内放置应急锤，乘客无法击碎两侧的应急窗逃生；事故发生后，车门被阻挡无法打开，驾驶员刘某自行跳窗逃生，未组织车内乘客及时疏散，造成重大人员伤亡。

2 应急处置措施

在道路交通事故中，车辆发生追尾、碰撞或

剐蹭等事故比较常见。

1）车辆碰撞时的自救

按碰撞形式分，车辆碰撞通常可分为侧面碰撞和正面碰撞，驾驶员应针对不同碰撞形式采取相应的措施，最大限度地减少人员伤亡。

碰撞形式	自救措施
侧面碰撞	驾驶员应紧握转向盘，其手臂稍微弯曲，以免肘关节脱位；身体应向后倾斜，靠近座椅靠背，同时双腿向前挺直抵紧驾驶室底板，使身体固定在车内
正面碰撞	如果碰撞不可避免，且撞击方向在驾驶员一侧，在迎面相撞发生的瞬间，驾驶员应当迅速抬起双腿，双手从转向盘移开，身体向右侧卧，以避免身体被转向盘挤压受伤。同时，提醒乘客抓紧座椅，身体靠紧椅背，防止因碰撞反弹力受伤

2）车辆碰撞后的脱困

在救援人员赶到之前，驾驶员应尽力自行脱

困,以防发生二次事故。

(1)活动手臂,判断是否正常,松开安全带锁扣。

(2)挪动双腿,若能轻松地抽出双腿,无剧烈疼痛,能活动自如,则缓慢走动到车外,避免跳动或跑动;若双腿抽出后剧烈疼痛,应在他人协助下离开驾驶座,避免因走动加剧骨折;若双腿无法抽出时,应保持原来位置,清除障碍物后再抽出,严重时等救援人员破拆车体后再抽出双腿,避免造成双腿严重伤残。

(3)开启车门,若驾驶员右侧乘客门无法正常打开,应立即请他人帮助打开;若仍无法打开,应考虑从应急门或应急窗逃生。

(4)参照事故后逃生方法执行。

三 事故后脱险与逃生方法

应急处置口诀

调整驾驶方向,避免正面碰撞;
缩小剐蹭角度,降低人员损伤。

3 预防措施

(1)客运驾驶员应积极参与企业应急处置培训,在客车上应设置醒目的逃生通道指示标志,若发生紧急情况可及时引导乘客逃生。

(2)安装符合相关标准规定的车道偏离预警系统 LDWS。

 小知识

车道偏离预警系统 LDWS

车道偏离预警系统(Lane Departure Warning System,LDWS)对于减少或避免由于驾驶员精神不集中、疲劳驾驶导致的车辆偏离车道事故或追尾事故效果显著。根据美国高速公路安全管理局的调查显示,有 37% 的道路交通死亡事故是由于车道偏离造成的。

车辆侧翻

1 西藏拉萨"8·9"特大道路交通事故

1)事故概况

2014年8月9日14时37分,西藏自治区拉萨市尼木县境内318国道发生一起特别重大道路交通事故。驾驶员董某所驾驶的大型客车遇对向驶来的越野车违法越过道路中心线，两车左前部发生正面相撞，大型客车随后驶向右前方与路侧波形梁护栏剐擦并撞断护栏后，仰翻坠落至11米深的山崖，事故造成44人死亡、11人受伤，直接经济损失3900余万元。

2）驾驶员处置情况

驾驶员董某在从日喀则返回拉萨的途中，长时间超速行驶，在下坡限速40千米/小时的路段超速60%以上。会车时发现越野车违法占道未采取减速、警示、停车或避让等措施。

2 应急处置措施

车辆行驶在松软路面、沟渠和弯道时，容易发生侧翻。翻车事故通常是由于侧滑、转向过度等因素造成的。

1）车辆侧翻时的自救

（1）车辆向深沟连续翻滚时，应迅速躲向座椅前下方，抓住转向盘将身体稳住，避免身体受伤。

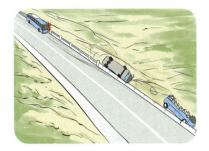

（2）发生缓慢翻车有可能跳车逃生时，应向翻车相反方向跳车。若不可避免地要被抛出车外时，应在被抛出的瞬间，猛蹬双腿，借势跳出车外。跳出车外落地后，应力争双手抱头顺势向惯性力的方向多滚动一段距离，以躲开车体，增大离开危险区的距离。

（3）车辆突然发生侧翻时的正确做法是：双手紧握转向盘，双脚钩住踏板，背部紧靠座椅靠背。

2）车辆侧翻后的脱困

（1）在保证自身安全的条件下，驾驶员应积极组织乘客自救，指挥乘客按次序迅速离开车辆。若发生车门变形、物品堵塞（水压或物品堵压）造成车门无法开启时，可敲碎应急窗玻璃设法脱身（有应急门的应首先设法打开应急门）。

三 事故后脱险与逃生方法

（2）根据车辆翻车地点的地形地貌和车辆重心，迅速判断车辆是否有可能继续翻滚，尽可能就地取材稳定车辆重心，防止险情扩大。

（3）参照事故后逃生方法执行。

车辆发生侧翻和坠车事故后，经常呈现90度侧立或180度倒立的状态。车辆状态不同，脱困的方法也不同。

车身状态	90度侧立	180度倒立
处理原则	切勿惊慌,不要急于解开安全带,应从最上方的人员开始疏散	松开安全带前一定要先找到支撑点,客车中相邻而坐的乘客在有限的空间内必须逐一脱困,不能同时进行
具体步骤	(1)将被压在下方的腿抽出,支撑在底下的车体或仪表板上,同时注意避免伤及其他人员。 (2)将被压在下方的手支撑在另一个座椅的靠背上(不要支撑在头枕上),从而减轻安全带的负荷。 (3)用另一只手沿着安全带向下方寻找安全带锁扣,松开安全带锁扣。 (4)将另一条腿抽出,以便从打开或砸开的车门、车窗撤离。 (5)头伸出车外,上身爬上车窗框。上身脱出后,臀部要轻轻坐在车顶部分,动作要稳,以免因摇晃导致车辆发生翻转,引发二次事故。 (6)切忌以背对车辆的姿势跳下,以免车辆再次翻滚,应采取正确的姿势轻轻滑下车体	(1)将置于外侧的手放在头底下,将下巴压向胸骨,以保护颈椎。 (2)用双脚撑住仪表板或其他固定物,使背部紧贴椅背,撑起身体。 (3)内侧的另一只手滑至安全带锁扣处,将安全带锁扣松开。 (4)双手及膝盖撑在车顶上,向内滚动离开

三 事故后脱险与逃生方法

3 预防措施

(1) 车辆行驶过程中,驾驶员应系好安全带,并督促检查乘客使用安全带。

安全带—生命带

安全带有缓冲作用,车辆发生碰撞或紧急制动时,安全带预紧装置会瞬间收束,绷紧佩戴时松弛的安全带,将乘客牢牢地拴在座椅上,安全带的收束力度超过一定限度时,限力装置就会适当放松安全带,保持乘客胸部受力稳定。调查表明,如果正确系安全带,在发生正面碰撞时,死亡率可降低57%;在发生侧面碰撞时,死亡率可降低44%;在发生翻车或坠车时,死亡率可降低80%。

(2) 客运驾驶员应积极参与企业应急处置培训,在客车上设置醒目的逃生通道指示标志,发生紧急情况及时引导乘客逃生。

(3) 客车配发安全告知光盘或安全须知卡,告知乘客车上安全设施的使用方法和应急逃生知识。

（4）严禁车辆超载、超员、超速行驶，确保货运车辆装载均匀。

四 车辆起火

1 河南京港澳高速公路信阳段"7·22"特大道路交通事故

1）事故概况

2011年7月22日3时43分，山东威海市交通运输集团有限公司驾驶员邹某驾驶一辆大型卧铺客车，行驶至河南省信阳市境内京港澳高速公路938千米加115米处，因车厢内违法装载危险化学品突然发生爆燃，客车起火燃烧，造成41人死亡、6人受伤。

2）驾驶员处置情况

事故车辆违规运输300千克危险化学品并堆

放在客车车厢后部,危险化学品受热分解发生爆燃。由于危险化学品瞬间爆燃,驾驶员邹某来不及反应处置(且凌晨乘客正在酣睡),客车继续前行145米后,与道路中央隔离护栏剐蹭碰撞后停车,仅6人得以逃生。

三、事故后脱险与逃生方法

2 应急处置措施

在道路行驶过程中，若遇车辆自燃、起火或刑事纵火时，驾驶员应采取以下应急处置措施：

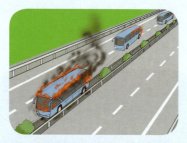

（1）立即选择安全区域停车，打开车门，关闭点火开关、电源总开关。

（2）有序疏散乘客下车或远离，参照事故后逃生方法执行。

（3）应站在上风位置顺风对准火源根部灭火。若遇发动机舱内冒烟或出现火苗，尽量不要打开发动机舱盖，从车身通气孔、散热器或车底侧采取灭火措施。

三 事故后脱险与逃生方法

尽量不要打开发动机舱盖。

 应急处置口诀

汽车起火巧停车，打开车门断开关；
组织疏散速逃离，报警谨记要灭火。

客车着火时的安全疏散时间

相关统计表明,客车着火点主要是发动机舱、车厢内、行李舱、轮胎四个部位,不同部位着火时的火势蔓延速度不同,供乘客安全疏散的时间也有区别:

(1)发动机舱着火时,人员可用安全疏散时间约为3分钟。

(2)乘客车厢内着火时,人员可用安全疏散时间约为90秒。

(3)行李舱着火时,人员可用安全疏散时间约为7分钟,但行李舱内若有易燃易爆危险品时,会迅速点燃整个车厢。

(4)轮胎摩擦起火时,人员可用安全疏散时间约为8分钟,但是早期未察觉,当火焰蔓延至车厢后,会迅速点燃整个车厢。

3 预防措施

(1)严禁驾驶非法改装车辆上路,按照规定对车辆进行日常检查和定期维护。

(2)加强站场检查,遵守"三不进站,六

不出站"制度，避免车辆或乘客携带违禁易燃、易爆危险品。

三不进站、六不出站

三不进站是指易燃易爆和易腐蚀等危险品不进站、无关人员不进站和无关车辆不进站。

六不出站是指超员客车不出站、安全例行检查不合格客车不出站、驾驶员资质不符合要求不出站、客车证件不齐不出站、出站登记表未经审核签字不出站和旅客未系安全带不出站。

（3）客车应按规定配备符合相关标准的外推式车窗、自动破窗器及应急锤等。

自动破窗器

自动破窗器是一种安装在车窗玻璃上的辅助逃生工具。遇火灾、恐怖袭击等紧急情况下,可实现快速、高效自动破窗的功能,以使车内人员快速从车窗内逃生。

(4)车辆必须配备灭火器等消防器材。出车前检查灭火器指示针是否指示在正常的压力区域,发现有问题的要立即更换或维修,确保灭火器正常使用。

> 注意灭火器的压力表,如果在中间绿色区域,则表示正常;若在黄色区域,则需要检查;而在红色区域,就必须更换。

灭火器配备要求和日常检查方法

灭火器应每年检修1次，每次出车前还应进行例行检查，重点注意灭火器指示针是否指示在正常的压力区域。发现有问题的，应立即更换或修理，确保灭火器正常使用。

五 车辆落水

1 天津津蓟高速公路"7·1"重大道路交通事故

1）事故概况

2016年7月1日21时30分左右，天津市津蓟高速公路宝坻区境内一辆大型卧铺客车行驶过程中右前轮爆胎，车身右侧与高速公路右侧护栏连续剐擦后，车辆前部撞到桥砼防撞墙端头，将防撞墙上的护栏撞掉后，坠落至闫东渠南侧岸边，并冲入渠内，造成26人死亡、4人受伤，直接经济损失约2383.4万元。

2）驾驶员处置情况

车辆未按规定线路行驶，并客货混装（违规装载轴承 9420 千克），超载致右前轮爆胎后，驾驶员鞠某未能采取有效措施导致失控。在车辆坠落过程中，驾驶员鞠某等 4 人从车辆前部破损处甩出，未能组织落水乘客自救脱困。

2 应急处置措施

车辆坠入河塘或误入较深的积水路段时，车上乘客的处境将会非常危险，驾驶员应采取以下应急处置措施：

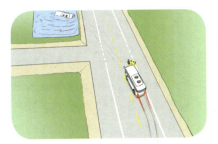

（1）在落水的瞬间，不要急于解开安全带，防止落水时的冲击力造成人员受伤。

（2）刚落水后，车辆还不会完全下沉，驾驶员应尽快解开安全带，在第一时间开启车门或使用应急锤等尖锐器械砸开车辆侧窗，组织乘客逃生。

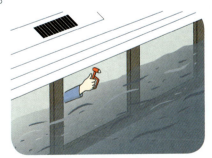

（3）逃生时，应注意抓稳门框或窗框，防止被涌入的水流冲回车内。

三 事故后脱险与逃生方法

应急处置口诀

雨季洼地别去蹚，万一落水莫惊慌。
推不开门砸车窗，水压平衡快逃亡。
摇下车窗最重要，砸窗开门也可行。
身边工具巧利用，互助合作脱险境。

3 预防措施

（1）客运驾驶员应积极参与企业应急处置培训，加强对乘客的逃生教育，在客车上设置明显的逃生通道指示标志，发生紧急情况及时引导乘客逃生。

（2）雨季或大暴雨后，城市地下疏水系统

不良容易导致桥涵路面积水。此时，不要盲目涉水行驶，应先探明积水深度再通行，必要时选择其他路线改道而行。

（3）严禁车辆超载、超员。

三、事故后脱险与逃生方法

结束语

   道路运输车辆在行车过程中可能会遇到各种各样的突发情况,驾驶员如果处置不当,极易发生道路运输安全生产事故。如果掌握了正确的临危处置措施和事故后脱困处置方法,驾驶员完全可以采取有效措施规避险情,最大限度地减少事故损失,保障生命和财产安全,维护社会稳定。希望驾驶员朋友们通过学习本口袋书能提高自身处理道路运输突发事件的应急能力,从而有效控制我国道路运输突发事件发生率。

   祝您车行天下,一路平安。